I0026066

3160

Prix 0.25.

SIMPLES
FORMULES D'ACTES
SOUS SEINGS PRIVÉS

A L'USAGE DES ÉCOLES PRIMAIRES

Par H. LABOURASSE

Inspecteur de l'enseignement primaire

5me édition

Prudence, science.

PARIS

AUG. BOYER ET Cie, LIBRAIRES-ÉDITEURS

49, RUE SAINT-ANDRÉ-DES-ARTS, 49

TABLE DES MATIERES.

Chaque exemplaire porte la signature de l'auteur.

SIMPLES FORMULES
D'ACTES SOUS SEINGS PRIVÉS.

NOTIONS GÉNÉRALES.

Qu'est-ce qu'un *acte?*

Un *acte* est un écrit qui constate des conventions.

Distingue-t-on plusieurs sortes d'actes?

On distingue plusieurs sortes d'actes : les principaux sont les *actes notariés* ou *authentiques*, et les *actes sous seings privés.*

Qu'est-ce qu'un acte *authentique?*

Un acte authentique est un acte dont l'original ou la *minute* est rédigée par un notaire et conservée en son étude.

Qu'est-ce qu'un acte *sous seing privé?*

Un acte sous seing privé est un acte que l'on rédige et que l'on signe sans le ministère d'un notaire.

Quels actes offrent le plus de garanties?

Les actes notariés offrent beaucoup plus de garanties que les actes sous seings privés.

Peut-on faire toutes sortes d'actes sous signatures privées?

Certains actes doivent toujours être passés par-devant notaire.

Quels actes est-il prudent de passer par-devant notaire?

La prudence veut que tous les actes importants, comme les ventes, les échanges ou les partages d'immeubles, les baux à longs termes et à obligations multiples, soient passés par-devant notaire.

Pourquoi est-il nécessaire que les actes importants soient authentiques ?

Parce qu'il faut, pour les rédiger convenablement, avoir une grande habitude des affaires et des notions suffisantes de législation.

Quels actes doivent toujours être passés par-devant notaire ?

Ces actes sont : les *donations entre-vifs*, les *testaments* autres que les testaments olographes, les *contrats de mariage*, les actes conférant *hypothèque* ou en donnant *mainlevée*.

Quelle personne peut écrire un acte sous seing privé ?

Il est d'usage que l'un des contractants écrive l'acte, mais il peut être écrit par une personne étrangère.

En quelle langue doit être écrit un acte ?

Les actes authentiques doivent être écrits en français ; les actes sous seings privés peuvent l'être en une langue quelconque.

Toute personne peut-elle s'engager par un acte ?

Les *mineurs*, les *interdits* et les *femmes mariées* ne peuvent s'engager par un acte.

Qu'est-ce qu'un *mineur* ?

Un *mineur* est celui qui n'a pas vingt et un ans accomplis.

Tous les mineurs sont-ils inhabiles à contracter ?

Par suite d'un acte judiciaire appelé *émancipation*, le mineur acquiert quelques-uns des droits de l'individu majeur.

Qu'est-ce qu'un *interdit* ?

Un *interdit* est un individu majeur, déclaré, par un jugement, incapable de gérer ses propres affaires.

La femme mariée ne peut-elle jamais passer d'acte ?

Dans la plupart des cas, la femme mariée ne saurait figurer dans un acte sans l'autorisation du mari insérée dans l'acte.

Comment doivent être écrits les actes?

Les actes doivent être écrits lisiblement, sans blancs ni ratures; si l'on commet une erreur, on la corrige par un renvoi signé ou simplement paraphé par les parties contractantes.

Qu'est-ce que le *paraphe*?

C'est l'ensemble des traits plus ou moins compliqués qui accompagnent une signature.

Comment désigne-t-on les personnes dans les actes?

Les personnes sont désignées par leurs *nom, prénoms, qualités, profession* et *domicile*, de telle sorte que nulle méprise ne soit possible.

Qu'est-ce que le *domicile* d'une personne?

C'est le lieu où elle a son principal établissement, sa demeure habituelle.

Comment écrit-on les nombres, les sommes et les dates?

Les nombres, les sommes et les dates doivent toujours être écrits très-lisiblement et en toutes lettres.

Peut-on insérer dans un acte des clauses contraires aux lois?

Non, toute clause contraire à la morale ou aux lois est nulle de plein droit, sans rendre nulles les autres clauses.

Peut-on, dans un acte, employer le nom des mesures anciennes?

La loi exige que, dans les actes, il ne soit parlé que de mesures métriques.

Sur quel papier écrit-on les actes sous seings privés?

Tous les actes sous seings privés doivent être écrits sur papier timbré.

Pourquoi?

Parce que, aux termes de la loi, nul acte sous seings privés écrit sur papier libre ne peut être produit en justice sans que les contractants soient punis d'une amende.

Un acte écrit sur papier libre est-il pour cela nul?

Tout acte écrit sur papier libre a la même valeur que s'il l'était sur papier timbré.

Peut-on, sans danger, mettre sur les actes des sommes moindres que les sommes réelles?

Cette fraude entraîne souvent après soi de très-graves inconvénients, contre lesquels on ne se met pas assez en garde.

Quelles personnes doivent signer un acte?

Doit signer un acte toute personne qui y prend part et qui aurait intérêt à nier sa participation à cet acte.

Que doit faire, avant de signer une promesse d'argent, la personne qui ne l'a pas écrite?

La personne doit écrire avant sa signature : **Bon pour** (*mettre ici la somme en toutes lettres*).

Pourquoi cette précaution?

C'est pour mettre le signataire dans l'impossibilité de nier la somme et sa signature.

Comment faire si l'une des parties obligées dans un acte ne sait pas signer?

Dans ce cas, il faut recourir au ministère d'un notaire.

Une croix faite au bas d'un acte a-t-elle la valeur d'une signature?

Cette sorte de signature n'a aucune valeur en justice.

Qu'est-ce que l'*enregistrement*?

C'est l'inscription des actes sur un registre public spécial, qui leur assure une date certaine et prévient les altérations des termes de cet acte.

S'il y a plusieurs contractants, plusieurs copies d'un acte sont-elles nécessaires?

Autant de personnes s'engagent réciproquement dans un acte sous seings privés, autant il faut de copies ou doubles de cet acte, signés de toutes et remises à chacune d'elles.

En est-il de même pour les actes notariés?

Quand il s'agit d'actes notariés, un seul acte, déposé en l'étude du notaire suffit, parce que chacun peut au besoin le consulter et en obtenir copie.

Qui nomme-t-on *créancier*?

On nomme *créancier* celui à qui il est dû.

Qui nomme-t-on *débiteur*?

On nomme *débiteur* celui qui doit.

Qu'appelle-t-on *intérêt*?

On appelle *intérêt* la somme dont s'augmente la valeur d'un billet, à raison de tant pour cent par an.

Qu'appelle-t-on *escompte*?

On appelle *escompte* la somme dont on diminue la valeur d'un billet, à raison de tant pour cent par an, quand le créancier est payé avant l'échéance.

Quel est le taux légal de l'intérêt et de l'escompte?

Le taux légal est 6 pour cent pour le commerce, et 5 pour cent partout ailleurs. On est libre de faire usage d'un taux inférieur; un taux plus élevé est qualifié *usure*.

Quand n'est-il dû nul intérêt?

S'il n'est pas question d'intérêts dans un acte, les intérêts ne sont pas dus, lors même que le débiteur payerait après l'échéance.

DE LA RECONNAISSANCE.

Formule.

Je soussigné **Victor Blanchard**, négociant domicilié à **Pargny**, reconnais que le sieur **Ernest Collardon**, carrier domicilié à **Brillon**, m'a fourni quatorze mètres cubes de pierre à bâtir pour une maison que je construis à **Sermaize**, le tout estimé **cent dix francs**, que je m'oblige à lui payer à sa première réquisition.

A **Brillon**, le huit avril mil huit cent soixante-dix.

V. BLANCHARD.

Autre formule.

Je soussigné **Clément Robert**, employé de fabrique domicilié à **Laon**, reconnais devoir à M. **Colombé**, restaurateur audit **Laon**, la somme de **cinq cent dix francs**, pour nourriture qu'il m'a fournie l'espace de huit mois, qui ont commencé le premier juillet dernier et ont fini le trente et un mars suivant; laquelle somme je promets lui payer le douze juin prochain sans intérêts.

A **Laon**, le huit avril mil huit cent soixante-neuf.

C. ROBERT.

Autre formule.

Je soussigné **Louis Pierson**, tanneur domicilié à **Sermaize**, reconnais devoir à **Charles Thiébaut**, cordonnier à **Rancourt**, la somme de **six cents francs**, pour du foin qu'il m'a fourni; laquelle somme je promets lui payer, en trois paiements égaux, avec les intérêts à **cinq** pour cent par an : le premier aura lieu le **quinze avril** prochain, le second trois mois plus tard, et le troisième dans un an de ce jour.

A **Sermaize**, le premier janvier mil huit cent soixante-dix.

L. PIERSON.

Autre formule.

Je soussignée **Émélie Vuillaume**, femme séparée de biens de **Louis Poitevin**, domiciliée à **Joinville**, reconnais que le sieur **Constant Louis**, charpentier audit **Joinville**, a fait dans ma maison, située en cette ville, place de la **Fontaine**, N° 9, divers travaux de charpente qui montent à la somme de **trois cent quinze francs**, laquelle somme je m'engage à lui payer dans un an de ce jour.

A **Joinville**, le trois septembre mil huit cent soixante-dix.   E. VUILLAUME,
femme POITEVIN.

— L'acte précédent n'engage nullement le mari.

Autre formule.

Nous soussignés **Charles, Joseph** et **Adrien Thierry**, tous trois cultivateurs domiciliés à Toul, reconnaissons devoir à M. **Chrétien**, marchand de biens à Nancy, la somme de **onze cents francs**, qu'il a prêtée le quinze mars dernier à feu **Claude Thierry**, notre père commun, laquelle somme de **onze cents francs** nous nous obligeons solidairement à payer audit sieur **Chrétien**, le premier mars mil huit cent soixante-douze, avec les intérêts à quatre et demi pour cent par an, qui courront du jour où ladite somme a été prêtée à notre père.

A **Nancy**, le vingt et un juillet mil huit cent soixante-dix.   CH. THIERRY. J. THIERRY. A. THIERRY.

DE L'OBLIGATION.

Formule.

Je soussigné **Louis Pierson**, tanneur domicilié à **Sermaize**, reconnais devoir au sieur **Charles Thiébaut**, épicier, domicilié au même lieu, la somme de **mille francs** qu'il m'a prêtée et que je m'oblige à lui rem-

1.

bourser, avec les intérêts à cinq pour cent par an, en un seul paiement, le quinze mai prochain.

A Sermaize, le dix-huit janvier mil huit cent soixante-dix.   L. PIERSON.

— Si l'obligation était faite sur papier libre, **Pierson** écrirait avant sa signature :

Je me soumets seul à toute amende résultant du défaut de timbre, le cas échéant.

Obligation avec caution.

Les soussignés **Émile Bertrand**, ébéniste demeurant à **Bouconville**, comme débiteur principal, et **Guillaume Perrin**, rentier demeurant à **Raulecourt**, comme caution solidaire, reconnaissent devoir au sieur **Nicolas Gérard**, taillandier demeurant à **Rambucourt**, la somme de **cinq cents** francs, pour prix de planches et de noyers qu'il a vendus et délivrés audit **Bertrand**; ladite somme payable dans le délai de six mois à partir de ce jour et sans intérêts, en son domicile.

A **Bouconville**, ce vingt-huit mars mil huit cent soixante-sept.   E. BERTRAND. G. PERRIN.

Le cautionnement peut n'exister que pour une partie de la somme.

La caution ne peut être poursuivie pour le paiement de la somme que quand tous moyens ont été employés contre le principal débiteur pour le faire payer.

Obligation solidaire.

Nous soussignés **Sébastien Gautier**, tailleur d'habits domicilié à **Nettancourt**, et **François Grosjean**, teinturier domicilié à **Revigny**, nous engageons solidairement à payer le quatorze juin prochain au sieur **Denand, Charles**, négociant à **Revigny**, la somme principale de **quinze cents francs**, avec les intérêts annuels à cinq pour cent; et ce, pour pareille somme que ledit **Denand** a cejourd'hui prêtée audit **Gautier**.

A **Nettancourt**, le quatorze octobre mil huit cent soixante-dix. S. GAUTIER. F. GROSJEAN.

— En cas de refus de paiement, **Denand** attaquerait simultanément en justice les deux souscripteurs de l'obligation.

Autre formule.

Les soussignés **Sébastien Gautier**, tailleur d'habits domicilié à **Nettancourt**, et **Louise Masson**, épouse dudit **Gautier**, reconnaissent devoir au sieur **Denand, Charles**, négociant domicilié à **Revigny**, la somme principale de **seize cents francs**, pour un lot de cent moutons qu'il leur délivre cejourd'hui, laquelle somme ils s'engagent à lui payer, sans intérêts, en deux paiements égaux dont l'un aura lieu le premier avril prochain, et le dernier dans un an, date de ce jour.

A **Nettancourt**, le quatorze octobre mil huit cent soixante-huit. S. GAUTIER. L. MASSON.

— La femme qui paraît dans un acte avec son mari, s'engage personnellement à remplir les obligations de cet acte si son mari est dans l'impossibilité de le faire.

Quand le mari et la femme s'engagent, il est inutile de dire que le mari autorise sa femme. L'autorisation du mari résulte de son concours dans l'acte.

Duplicata d'une obligation.

Je soussigné **Nicolas Mathis**, bûcheron domicilié à **Combles**, reconnais devoir au sieur **Charles Liégeois**, cultivateur à **Trémont**, la somme de trois cents francs pour pareille somme qu'il m'a prêtée; laquelle somme je m'oblige à lui rembourser intégralement, avec les Intérêts à quatre pour cent par an, le huit décembre mil huit cent soixante-douze.

La présente obligation est souscrite par duplicata audit **Liégeois**, qui prétend avoir égaré celle que je lui ai remise le vingt-neuf mai dernier.

A **Combles**, le onze avril mil huit cent soixante-dix.

N. Mathis.

DE LA PROMESSE.

Formule.

Nous soussignés **Jules Parisot** et **Jean-Baptiste Rauxin**, tous deux menuisiers domiciliés à **Lunéville**, promettons de faire et fournir, sous le délai d'un mois, date de ce jour, dans la maison que **M. Mathieu**, cafetier, fait construire audit **Lunéville**, rue des **Vosges**, N° 47, **cinq cent quinze mètres carrés trente centimètres carrés** de planchers en chêne, à raison de **six francs** le mètre carré, payables par ledit **Mathieu** aussitôt le travail terminé. Faute d'exécuter dans le délai voulu les travaux susmentionnés, nous nous engageons solidairement à payer audit **Mathieu**, pour chaque jour de retard résultant de notre faute, **vingt-cinq francs** de dommages et intérêts.

A **Lunéville**, le trente et un août mil huit cent soixante-dix.   J. Parisot. J.-B. Rauxin.

— Il est nécessaire de bien spécifier quels matériaux seront employés et de quelle nature sera le travail.

DE LA CONVENTION.

Formule.

Nous soussignés **Martial Goudon**, tonnelier, et **Paul Delaroche**, cultivateur, tous deux domiciliés à **Nantois**, sommes convenus de ce qui suit, savoir :

Que moi, **Goudon**, prête audit **Delaroche**, sans rétribution, une grange avec écurie à côté, située rue de l'Église, entre **Deschamps** et **Polliot**; il en jouira de ce jour et durant trois années pour y déposer ses récoltes et y loger son bétail;

Et que moi, **Delaroche**, me charge durant ce temps de l'impôt des portes et fenêtres dudit bâtiment et de toutes les réparations locatives, et m'engage à remettre, à la fin des trois années, la grange et l'écurie dans le même état où je les reçois.

Fait et signé double entre nous à Nantois, le cinq juin mil huit cent soixante-neuf.

M. Goudon. P. Delaroche.

Autre formule.

Nous soussignés **Léon Violard**, huissier domicilié à **Rumont**, et **Justin Potor**, rentier domicilié au même lieu, sommes convenus de ce qui suit, savoir :

Moi, **Violard**, autorise par les présentes le sieur **Potor** à exhausser de **deux mètres soixante-quinze centimètres**, dans toute sa longueur, le mur mitoyen qui sépare nos deux maisons contiguës, N°ˢ 17 et 19 de la rue **Grande** dudit **Rumont**, à condition que cet exhaussement sera fait en pierres de taille d'une épaisseur de trente centimètres, et qu'il affleurera exactement vers ma maison le mur qu'il prétend exhausser;

Moi, **Potor**, défère aux conditions susénoncées, promets de m'y soumettre, m'engage à payer au sieur **Violard**, dès que sera posée la première assise de l'exhaussement, la somme totale de **quatre-vingts francs**, et déclare mitoyen l'exhaussement dont il s'agit.

Fait et signé double entre nous, après lecture faite, à **Rumont**, le premier mai mil huit cent soixante-dix.

L. Violard. J. Potor.

Autre formule.

Cejourd'hui, nous soussignés **Thouvenin Pierre**, laboureur demeurant à **Rozières**, et **Bertrand Louis**, serrurier demeurant à **Framont**, sommes convenus de ce qui suit:

Sur la proposition qui m'a été faite par le sieur **Thouvenin** de me charger de l'apprentissage de **Gabriel**, son fils mineur, et d'instruire celui-ci dans tout ce qui concerne l'exercice de ma profession, moi, **Bertrand**, y accédant, déclare par les présentes me soumettre à loger, à nourrir et à blanchir ledit **Thouvenin Gabriel**, durant les trois années que durera son apprentissage, ainsi qu'à lui apprendre tout ce qui peut être relatif à ma profession, de manière qu'en sortant de chez moi il soit capable de l'exercer où bon lui semblera; à charge par ledit

Pierre Thouvenin de me payer, tant pour les frais d'apprentissage que pour le logement, la nourriture et le blanchissage de son fils durant le temps ci-dessus fixé, la somme de **quatre cent quatre-vingts francs**, dont un tiers comptant, le second tiers dans huit mois, et le troisième à l'expiration des trois dites années, et sous la réserve expresse que dans le cas où ledit apprenti, pour un motif quelconque, viendrait à quitter ma maison avant la fin de son apprentissage, j'aurais néanmoins droit au paiement de la somme ci-dessus stipulée, attendu qu'ayant pris en considération les services qu'il pourrait me rendre dans un certain temps, je n'ai pas exigé le prix que paye ordinairemeut un apprenti pour acquérir les connaissances nécessaires dans l'exercice de ma profession; lesquelles conditions ont été acceptées par moi **Pierre Thouvenin**, qui m'oblige à les exécuter dans tout leur contenu, sous telles peines que de droit.

Fait et signé double à **Framont**, ce 12 juillet mil huit cent soixante-neuf.

P. THOUVENIN. L. BERTRAND.

— On doit indiquer, dans tout acte, s'il est fait en double, triple, quadruple... expédition.

Autre formule.

Nous soussignés **Joseph Marchal**, **Jean-Baptiste Ferry**, et **Bastien Thiébaut**, tous propriétaires à **Baccarat**, déclarons par les présentes que, pour mettre fin aux difficultés que fait naître journellement parmi nous un défaut de plantation de bornes séparatives des héritages en nature de terres labourables que nous possédons au canton Nord, sommes convenus de ce qui suit, savoir:

Que par le sieur **Mathis**, arpenteur-géomètre juré, domicilié à Lunéville, il sera, dans la quinzaine, procédé, en présence de toutes les parties intéressées, au mesurage de nos terrains respectifs situés au canton Nord, ensuite à la plantation de bornes pour en fixer la délimitation ; à quel effet nous nous obligeons à remettre au sieur **Mathis** nos titres d'acquisition ou de propriété concernant lesdits terrains , pour y avoir tel égard que de droit; de laquelle opération il dressera un procès-verbal qui restera déposé entre les mains de M⁰ **Gaspard**, notaire à **Baccarat**, pour que chacune des parties intéressées puisse en prendre connaissance quand bon lui semblera ; le tout sous l'obligation de notre part de payer chacun individuellement sa portion des frais de ladite opération, suivant l'étendue de son terrain.

Fait à **Baccarat**, ce quinze décembre mil huit cent soixante-neuf.

MARCHAL.   FERRY.   THIÉBAUT.

— Le procès-verbal du sieur **Mathis** pourrait être fait en triple expédition et remis à chacun des signataires de cette convention; le dépôt chez un notaire serait alors inutile.

DU DÉPOT.

Formule.

Je soussigné **Auguste Raulot**, teinturier domicilié à **Sermaize**, reconnais que **Louis Poirson**, liquoriste domicilié au même lieu, m'a remis en dépôt cejourd'hui la somme de **sept cents francs** répartis en vingt pièces de vingt francs en or, cinquante pièces de cinq francs en argent, et vingt-cinq pièces de deux francs aussi en argent, le tout en monnaie de France et de bon aloi renfermé dans un sac en toile écrue marqué L. P. en fil rouge près de l'ouverture; laquelle somme de **sept cents francs** je m'oblige à lui remettre à sa volonté, ou à toute personne munie de pouvoirs en règle émanant de lui, en tel nombre de pièces et en la même monnaie que je l'ai reçue, sans vouloir rien exiger dudit **Poirson** à raison de ce dépôt.

A **Sermaize**, le onze octobre mil huit cent soixante-douze.
A. RAULOT.

Autre formule.

Je soussigné **Nathan Lévi**, marchand de bestiaux domicilié à **Lunéville**, reconnais par le présent que le sieur **Créange, Alphonse**, garçon majeur domicilié chez ses parents à **Nancy**, et près de partir pour l'armée, m'a remis en dépôt : 1° une chaîne d'or creuse, formée de soixante-treize chaînons plats, pesant en tout trente-huit grammes, y compris une clef de montre y attachée, également en or, et terminée par un carré ou canon en acier; 2° une montre à cylindre, aussi en or, à double boîte en cuivre, mouvement monté sur huit rubis; cette montre, qui pèse cinquante-neuf grammes, porte le N° 3874 gravé au-dedans de la boîte, et sur le cadran les mots **Denizet**, à **Versailles**; 3° deux boutons de chemise en or massif, unis par une chaînette massive de même métal, le tout pesant onze grammes cinquante centigrammes; lesquels objets je m'oblige de rendre à lui

2.

seul, ou, en cas de mort, à ses parents sur la présentation de l'acte établissant son décès d'une manière authentique ; sans que je puisse prétendre à aucune indemnité à raison de ce dépôt.

A **Lunéville**, le treize novembre mil huit cent soixante-neuf.   N. Lévi.

DU BILLET.

On distingue deux sortes de billets : le *billet simple* et le *billet à ordre*.

Le billet à ordre peut, par simple *endossement*, devenir la propriété de tout autre que celui au profit duquel on l'a souscrit.

L'*endossement* est un transport sommaire écrit au dos du billet à ordre.

On appelle *transport* l'acte par lequel nous cédons à une autre personne nos droits à une créance.

Le billet simple ne peut être transmis par la voie d'endossement.

Les billets, et particulièrement le billet à ordre, doivent être écrits sur du papier au timbre proportionel.

Le défaut de timbre, pour le billet à ordre, a des effets plus graves que pour le simple billet. Pour celui-ci, simple amende à la charge du souscripteur. Pour le billet à ordre, amende beaucoup plus forte à la charge du débiteur et pareille à la charge du créancier.

Le timbre peut être suppléé par un timbre mobile que le souscripteur applique lui-même sur le billet.

Billet simple.

Je reconnais devoir et promets payer le vingt-cinq juillet mil huit cent soixante et onze, au sieur **Digot, Charles-Auguste**, mon frère, la somme de **huit cents francs**, avec les intérêts à cinq pour cent par an, et ce, pour pareille somme qu'il me prête cejourd'hui.

Sermaize, le vingt-huit novembre mil huit cent soixante-dix.   B. Digot.

Billet à ordre.

A trois mois de date, je payerai à **M. Varin-Bernier**, banquier à **Bar-le-Duc**, ou à son ordre, la somme de **mille francs**, valeur reçue en espèces.

A **Tréveray**, le neuf août mil huit cent soixante-neuf.

— Bon pour **mille francs**.

C. Digot,
Négociant à Varennes.

M. **Varin** peut transporter à M. **Raulin** ses droits sur ce billet, en écrivant au dos du billet l'endossement suivant :

Payez à l'ordre de M. Raulin, boucher à Bar-le-Duc, la somme d'autre part, valeur reçue en marchandises.

Bar-le-Duc, *le huit septembre mil huit cent soixante-neuf.*   Varin-Bernier.

M. **Raulin**, à son tour, peut, par un nouvel endossement, céder son droit à M. **Richard**, et ainsi des autres, jusqu'à l'échéance du billet. Alors le dernier possesseur en touche ou en fait toucher le montant chez M. **Digot**, souscripteur.

Si **Digot** ne veut ou ne peut payer, M. **Richard** s'adressera aussitôt à un huissier, qui lui dira tout ce qu'il faut faire.

— Quand un billet n'est pas créé à ordre, il ne peut être cédé par voie d'endossement : alors on emploie, pour en transférer la propriété, la forme du transport.

Transport de créance.

Je soussigné **Clément Ferry**, tanneur, domicilié à **Bourges**, cède et transporte à M. **Louis Barrois**, négociant à **Ganges**, la somme de **mille francs** qui m'est due par M. **Léon Foucault**, rentier à Paris, pour argent que je lui ai prêté, payables dans le délai de trois mois à partir de ce jour, avec les intérêts à cinq pour cent par an.

Ce transport est fait moyennant pareille somme de **mille francs**, que je reconnais avoir reçue en marchandises dudit sieur **Barrois**.

Fait double à **Ganges**, le 11 juin mil huit cent soixante-neuf.   L. Barrois.   C. Ferry.

DE LA QUITTANCE.

Formule.

Je soussigné **Nicolas Robin**, voiturier domicilié à **Mauvages**, reconnais avoir reçu de **Louis Mercier**, cultivateur au même lieu, la somme de **cent cinquante francs**, qu'il me devait pour un cheval que je lui ai vendu le quinze avril mil huit cent soixante-cinq, dont quittance.

A **Mauvages**, le vingt-neuf février mil huit cent soixante-dix. ROBIN.

— La remise de l'obligation est préférable à la quittance.

— La quittance du capital, donnée sans réserve des intérêts, fait présumer le paiement de ceux-ci.

Autre formule.

Reçu de M. **Lecourtier**, cultivateur à **Blainville**, la somme de **cent cinquante-neuf francs**, rentes pour l'année qui finit d'une somme de **trois mille cent quatre-vingts francs**, qu'il me doit pour une maison que je lui ai vendue.

A **Épinal**, le vingt mai mil huit cent soixante-dix. PIERSON.

— Le créancier qui laisse accumuler les rentes a tort; la loi ne l'autorise à réclamer que celles des cinq dernières années, bien que la bonne foi oblige le débiteur à payer tout ce qu'il doit.

DE LA VENTE.

Vente d'un cheval.

Le soussigné **Auguste Raulot**, voiturier demeurant à **Sermaize**, déclare par ces présentes vendre avec obligation de garantir aux termes de la loi, à **Louis Porson**, cultivateur demeurant à **Pargny**, ce acceptant et aussi soussigné,

Un cheval sous poil gris, âgé de cinq ans, de la taille de 1 mètre 63 centimètres, moyennant le prix de **quatre cent cinquante francs**, payable dans un mois date de ce jour et sans intérêts. Il est convenu que l'acquéreur ne prendra livraison dudit cheval que dans quinze jours, et que le vendeur est garant de tout accident qui pourrait, d'ici là, diminuer la valeur du cheval dont il s'agit.

Fait double à **Sermaize**, le huit octobre mil huit cent soixante-dix.

RAULOT. PORSON.

— Les frais d'actes et autres sont à la charge de l'acheteur, sauf conventions contraires.

Vente d'un objet mobilier.

Les soussignés **Constant Delambre**, propriétaire à **Villers**, et **Jules Méchin**, mécanicien à **Lavincourt**, sont convenus de ce qui suit, savoir :

Le sieur **Méchin** vend audit **Delambre** une machine à battre mue à bras d'hommes, toute neuve, moyennant la somme de **cent vingt-sept francs**, sous la condition que **Delambre** pourra essayer ladite machine pendant trois jours, après lesquels il pourra l'accepter ou la refuser : dans le premier cas, il paiera comptant audit **Méchin** le prix ci-dessus stipulé; dans le second cas, il lui remettra ladite machine à battre dans son domicile à **Lavincourt**, aussitôt expirés les trois jours d'essai.

Fait et signé double à **Villers**, le quinze octobre mil huit cent soixante-dix.

C. DELAMBRE. J. MÉCHIN.

Vente de blé.

Je soussigné **Charles Bonnaire**, marchand de grains domicilié à **Donjeux**, promets livrer au sieur **Paul Caron**, meunier domicilié à **Bologne**, et dans le délai de trois mois qui commenceront au premier novembre prochain, **cinquante mille kilos** de blé en autant de livraisons que je le jugerai convenable. Ledit sieur **Caron** s'oblige à son tour à me payer, à chacune de mes livraisons, la totalité du blé fourni à raison de **vingt-cinq francs quinze centimes** les cent kilos, sans aucune retenue.

Fait et signé double à **Bologne**, le premier octobre mil huit cent soixante-dix.

CH. BONNAIRE. P. CARON.

Vente d'une maison.

Les soussignés **Auguste Raulot**, teinturier, domicilié à **Sermaize**, et **Louis Pierson**, aubergiste, demeurant au même lieu, sont convenus de ce qui suit :

Le sieur **Raulot** vend, délaissé, et promet garantir contre toute hypothèque ou autres empêchements, au sieur **Pierson**, une maison à un étage, sise à **Sermaize**, rue **Grande**, N° 19, entre **Jennesson** au nord, et la ruelle du **Puty** au sud, inscrite à la matrice cadastrale sous le N° 1743, telle qu'elle existe actuellement avec le jardin qui y fait suite, et toutes les aisances dont elle jouit, le tout bien connu dudit **Pierson**;

Cette maison appartient au vendeur en vertu de l'acquisition qu'il en a faite du sieur **Maigret, Jules**, de **Mussey**, suivant acte authentique passé par-devant

Mᵉ Beauminy, notaire à Saint-Dizier, le quinze mars mil huit cent dix-huit, lequel acte sera remis par ledit Raulot au sieur Pierson aussitôt que celui-ci lui aura payé le prix de la maison dont s'agit et dont il commencera à jouir le vingt-trois avril prochain.

Le sieur Pierson achète pour lui, ses héritiers et ayants-cause, ladite maison et le jardin qu'il déclare avoir visités et bien connaître, le tout avec les servitudes dont ils peuvent être grevés ; s'oblige à payer audit Raulot, pour prix de la présente vente, la somme de **trois mille neuf cents francs**, dont **mille francs** le jour de l'entrée en jouissance et le reste d'année en année par sommes de **sept cent vingt-cinq francs** avec les intérêts à cinq pour cent, chaque vingt-trois avril, de telle sorte que le dernier paiement aura lieu le vingt-trois avril mil huit cent soixante-treize ; s'oblige à payer les impôts de ladite maison à partir de son entrée en jouissance, et de passer à ses frais acte authentique de la présente vente dès qu'il en sera requis par le sieur Raulot, vendeur.

Ladite maison vendue demeure, par privilége primitif, spécialement hypothéquée pour garantie du paiement de ladite somme de **trois mille neuf cents francs**.

Fait et signé double à Sermaize, le onze janvier mil huit cent soixante-neuf. Raulot. Pierson.

— S'il pouvait exister du doute sur l'indentité de la maison vendue, il faudrait en décrire chaque partie : chambres, caves, greniers, granges, écuries, etc.

Si l'on n'est pas certain que le vendeur possède l'immeuble depuis trente ans au moins, il est prudent d'indiquer dans l'acte les possesseurs de cet immeuble depuis trente ans, et de relater la date des actes sous seings privés ou authentiques qui leur en assurait la possession.

Sans cette précaution, il pourrait se faire qu'un propriétaire inconnu vînt, à un titre quelconque, réclamer l'immeuble vendu et en prendre possession. Après trente ans, il ne le peut plus : il y a *prescription*.

Il est prudent de passer cet acte devant le notaire.

Vente d'une pièce de terre.

Nous soussignés **Clément Pâquet**, aubergiste, domicilié à **Rembercourt**, écart de **Varney**, et **Paul Molandre**, tonnelier, domicilié à **Saudrupt**, sommes convenus de ce qui suit, savoir :

Moi **Pâquet**, vends et délaisse par le présent, avec promesse de garantir contre toutes hypothèques et autres empêchements au sieur **Molandre** qui l'accepte, une pièce de terre labourable située finage de **Saudrupt**, lieudit aux **Varennes**, d'une surface de trente-neuf ares quinze centiares, tenant d'une part à **Justin Feunette**, longeant d'autre la voie de **Lisle**, aboutissant au nord sur une tournière appartenant à **Claude Lorrain**, et inscrite à la matrice cadastrale dudit **Saudrupt** sous le N° 1183 ; ainsi que ladite pièce de terre se comporte, sans me rien réserver, mais sans en garantir autrement la contenance.

Cet immeuble m'appartient du chef de feu **Louis Pâquet**, mon père qui, le vingt mai mil huit cent quarante-neuf, l'avait acquis par un acte sous seing privé, enregistré à **Ancerville** le huit juin suivant, folio 47, recto, case 5, du sieur **Pigorot** et de son épouse ; ledit **Pigorot** le tenait lui-même de sa femme, comme il est constaté par son contrat de mariage rédigé le vingt-neuf juillet mil huit cent dix-neuf, devant Me **Thouvenin**, notaire à **Thiéblemont** ;

Pour, par ledit **Molandre**, acquéreur, faire et disposer de ladite pièce de terre à lui cédée comme de chose à lui appartenant en toute propriété, et entrer en jouissance aussitôt après la récolte du blé dont elle est ensemencée.

Et moi **Molandre**, accepte l'immeuble dont s'agit sans aucune réserve quant à la contenance; m'engage à payer la contribution foncière à partir du premier janvier prochain; à payer aussi, pour le prix de ladite vente, une somme de **douze cents francs**, dont **six cents** comptant au sieur **Charles Joly**, de **Rancourt**, à la décharge du sieur **Pâquet**, et les **six cents francs** restants en deux paiements au vendeur, savoir: **trois cents francs** dans un an de ce jour, et **trois cents francs** à ma volonté dans l'année qui suivra le premier paiement fait au sieur **Pâquet**; le tout avec les intérêts à quatre pour cent l'an pour ladite somme de **six cents francs** restants.

Je m'oblige aussi à faire passer à mes frais acte authentique de ladite vente à la première réquisition du vendeur.

La propriété ci-dessus vendue demeure, par privilége primitif, spécialement hypothéquée pour le paiement du prix total de la présente vente.

Fait et signé double entre nous, après la lecture faite, à **Rembercourt**, le quinze juillet mil huit cent soixante-et-onze.

C. Paquet. L. Molandre.

— Il est prudent de passer cet acte par-devant notaire.

DE L'ÉCHANGE.

Échange d'animaux.

Nous soussignés **Christophe Lamblin**, manœuvre, et **Sylvestre Maugérard**, aussi manœuvre, tous deux domiciliés à **Louppy**, sommes convenus de ce qui suit, savoir :

Moi **Lamblin**, délaisse à titre d'échange, avec garantie de tous vices rédhibitoires et de revendication, au sieur **Maugérard**, acceptant, un bœuf de trois ans sous poil rouge, ayant le front et les pieds noirs, que j'ai moi-même élevé ;

Et moi, **Maugérard**, cède de mon côté, en contre-échange et sous la même garantie par lui stipulée, audit sieur **Lamblin**, qui la connaît et l'accepte, une vache de quatre ans, sous poil noir, que je possède depuis six mois, pour l'avoir achetée du sieur **Laurin**, de **Couvrot**.

Le présent échange est fait but à but, et nous nous sommes réciproquement livré lesdits animaux dont la valeur est de **deux cents francs** l'un.

Fait et signé double à **Louppy**, le onze novembre mil huit cent soixante-douze.

CHR. LAMBLIN. S. MAUGÉRARD.

Échange de vignes.

Nous soussignés **Étienne Vital**, vigneron, domicilié à **Vigneulles**. et **Paul Lambert**, propriétaire, domicilié à **Chaillon**, sommes convenus de ce qui suit, savoir :

Moi, **Vital**, cède en toute propriété, à titre d'échange
et avec garantie de toutes hypothèques et autres empêchements, audit sieur **Lambert**, qui la connaît et l'accepte, une pièce de vigne située finage de **Chaillon**,
lieudit au **Poirier**, entre **Pierre Joly** au levant, et
Charles Contant au couchant, aboutissant sur le sen-
tier des **Corvées**, et inscrite à la matrice cadastrale dudit **Chaillon** sous les Nᵒˢ 164 et 165; la dite vigne, d'une
contenance totale et par moi garantie de **trente ares
quarante centiares**, est estimée **onze cent cinquante francs**; pour, par ledit **Lambert**, en jouir
au premier novembre prochain, comme de chose à lui
appartenant en toute propriété;

(*Il est bon que* **Vital** *indique de qui il tient cette
vigne.*)

Et moi **Lambert**, cède à titre de contre-échange et en
toute propriété sous les mêmes garanties que ci-dessus,
au sieur **Vital**, qui la connaît et l'accepte, une pièce de
vigne située finage de **Chaillon**, lieudit à la **Maize**,
longeant au midi le chemin de **Lavignéville**, et bornée
au nord par un champ appartenant audit **Vital**, laquelle
est inscrite à la matrice cadastrale dudit **Chaillon** sous
le Nᵒ 1168; ladite vigne, d'une contenance totale de vingt-
cinq ares onze centiares, sans garantie de contenance, est
estimée **mille francs**; pour, par ledit **Vital**, en jouir
dès ce jour comme de chose à lui appartenant en toute
propriété.

(*Il est bon que* **Lambert** *indique ici de qui il tient cette
vigne.*)

Le présent échange est fait moyennant une soulte de
cent cinquante francs, que moi, **Lambert**, ai payée
comptant audit **Vital**.

Déclarons nous tenir respectivement quittes à l'endroit du présent échange, acceptons lesdites vignes en tel état qu'elles se trouvent, et déclarons en vouloir payer les contributions à partir du premier janvier prochain.

Reconnaissons en outre que nous nous sommes fait réciproquement la remise de tous les titres de propriété des vignes échangées par le présent.

Fait et signé double par nous à **Vigneulles**, le huit mars mil huit cent soixante-neuf.

E. Vital.   P. Lambert.

— Il est sage de faire rédiger cet acte par un notaire.

DU BAIL.

On nomme *bailleur* celui qui donne à bail; on nomme *preneur* celui qui prend à bail.

Tout preneur a le droit de sous-louer si cette faculté ne lui est pas interdite par le bail.

On distingue le *bail à loyer*, le *bail à ferme* et le *bail à cheptel*.

Le *bail à loyer* concerne les maisons, les habitations; le *bail à ferme*, les biens ruraux ; le *bail à cheptel*, le bétail.

Il est sage de passer le bail à ferme devant notaire.

Le *cheptel* varie suivant les coutumes locales.

Bail à loyer.

Les soussignés **Émile Gérardin**, cultivateur domicilié à **Soulanges**, et **Louis-Philippe Érard**, bonnetier domicilié à **Brillon**, sont convenus de ce qui suit, savoir:

Le sieur **Gérardin** donne à bail à loyer, audit **Érard**, qui l'accepte pour six années consécutives qui commenceront le vingt-quatre juin prochain, une maison sise à **Soulanges**, rue du Moulin, entre **Claudel** et **Pigorot**, telle qu'elle se contient avec le jardin y attenant et toutes ses aisances et dépendances, lesquels lieux le preneur déclare bien connaître.

Le présent bail est fait moyennant la somme de **soixante francs** par an, que le preneur s'oblige de payer audit bailleur à **Soulanges**, ou à tout porteur de sa quittance, en deux paiements égaux de chacun trente francs, dont le premier aura lieu le vingt-quatre décembre prochain, et les autres de six mois en six mois jusqu'à l'expiration du présent bail. Ledit preneur s'oblige en outre à garnir ladite maison de meubles suffisants pour assurer le paiement dudit loyer, de faire toutes les réparations locatives que la loi met à la charge des locataires, et de remettre à la fin de ce bail ladite maison en bon état; de laisser faire les grosses réparations, si elles deviennent urgentes; de payer l'impôt des portes et fenêtres et autres à partir de l'entrée en jouissance, le tout en dehors du prix stipulé pour le loyer; enfin de ne céder son droit au présent bail sans l'intervention du bailleur qui, de son côté, promet tenir ledit preneur clos et couvert dans la maison dont s'agit et lieux qui en dépendent.

Fait et signé double entre nous, à **Soulanges**, le huit avril mil huit cent soixante-dix.

E. GÉRARDIN.   L.-P. ÉRARD.

— Cet acte est susceptible de clauses bien diverses : clause de paiement d'avance; clause de pouvoir résilier le bail l'un ou l'autre, en cas de vente ou autrement;

clause de pouvoir faire dans le local tel changement
que l'on voudra; clause de ratification du bail par la
femme du preneur, etc.

— Quand un locataire prend à bail une maison, il doit
faire rédiger, par un homme compétent, un *état de lieux*
constatant en quel état se trouvent les parties de cette
maison qu'il pourrait être tenu de rendre en bon état,
les ayant reçues détériorées. Un double de l'état de lieux
reste aux mains du preneur et en celles du bailleur.

Sous-bail à loyer.

Nous soussignés, **Louis-Philippe Érard**, bonnetier,
domicilié à **Soulanges**, et **Léon Dussaux**, manœuvre,
domicilié au même lieu, sommes convenus de ce qui
suit, savoir :

Moi **Érard**, locataire d'une maison appartenant à
M. **Émile Gérardin**, cultivateur audit **Soulanges**, en
vertu d'un acte sous seing privé en date du huit avril mil
huit cent soixante-huit, cède, avec l'autorisation dudit
Gérardin, mon bail audit **Dussaux**, à charge par celui-
ci d'accepter en entier les conditions qui m'étaient faites
par ledit bail, et de payer aux termes indiqués le loyer
au sieur **Gérardin** qui, par le présent, me décharge to-
talement des obligations que j'avais contractées envers
lui à propos de ladite maison, et qui accepte comme locataire, en mon lieu et place, pour tout le temps qui reste
à courir dudit bail, le sieur **Léon Dussaux**, susnommé.

Fait et signé triple entre nous, à **Soulanges**, le douze
novembre mil huit cent soixante-treize.

L.-P. ÉRARD.　L. DUSSAUX.　É. GÉRARDIN.

— On peut ne sous-louer qu'une partie de la maison, —

pour un temps déterminé, — sous la responsabilité du principal locataire ; ce qui fait l'objet d'autant de clauses qu'il faut insérer dans l'acte.

DE LA PROCURATION.

On appelle *mandant* celui qui donne procuration ; et *mandataire* celui qui l'accepte.

Il y a deux sortes de procurations : la *procuration spéciale* et la *procuration générale*.

La procuration spéciale donne pouvoir pour une ou plusieurs affaires spécifiées ; la procuration générale donne pouvoir pour toutes les affaires du mandant.

Il est prudent de ne donner que devant notaire une procuration générale.

Le mandant peut toujours, quand il lui plaît, retirer sa procuration au mandataire, et celui-ci la remettre au mandant.

Procuration spéciale.

Je soussigné **Hippolyte Claudon**, tailleur d'habits, domicilié à **Morley**, donne pouvoir à **Célestin Magnier**, marchand épicier, domicilié à **Dammarie**, de vendre pour moi et en mon nom un jardin sis audit **Dammarie**, près de l'église, entre **Richard** et **Bontant**, et promets de ratifier à sa réquisition tout ce qu'il aura fait à cet égard.

A **Morley**, ce huit novembre mil huit cent soixante-neuf.   H. CLAUDON.

— Si **Magnier** vend le jardin, la procuration doit être annexée à l'acte de vente dans le cas où **Claudon** ne participerait pas à cet acte.

DU TESTAMENT OLOGRAPHE.

On nomme *testament olographe* un testament écrit en entier, daté et signé de la main du testateur.

Toute personne capable de disposer, et qui sait écrire peut faire un testament olographe.

Un testament olographe bien clair est à peu près inattaquable; il n'en est pas de même du testament authentique.

Pour plus de sûreté, le testateur peut déposer son testament olographe entre les mains d'un notaire.

Le dernier testament annule tous les testaments antérieurs.

La plus petite faute de formalité entraîne la nullité de cet acte.

Testament olographe.

Moi Louise Masson, rentière domiciliée à **Verdun**, étant saine de corps et d'esprit, ai fait et écrit en entier mon testament, ainsi qu'il suit:

Je donne et lègue à **Constantin Louis**, rentier audit **Verdun**, toute la portion de mes biens, meubles et immeubles, dont la loi me permet de disposer;

Je veux que ledit **Louis**, mon légataire universel, donne à **Juliette Latour**, ma filleule, une somme de **mille francs** et tous mes bijoux;

Je veux aussi que ledit **Louis** paye à **Suzanne Millot**, ma domestique, une rente annuelle et viagère de **deux cents francs**;

Je nomme pour mon exécuteur testamentaire M. **Clément Pâris**, négociant à **Dieue**; je le prie d'accepter ma montre en or enrichie de diamants, que je tiens de feu M. le maréchal Gérard, en reconnaissance du service que je réclame de sa bonne amitié.

Je révoque tout autre testament et dispositions à cause de mort, que j'ai pu faire avant le présent, que j'écris et signe de ma main, en ma demeure à **Verdun**, ce vingt-huit octobre mil huit cent soixante-huit.

Louise Masson.

— Si dans le cours de cet acte, on raye des mots, il convient de déclarer nuls, avant de signer, le nombre de ces mots.

Si l'on fait des renvois à la fin, ou des apostilles en marge, il faut que le tout soit écrit par le testateur, daté et signé de lui.

Autre formule.

Au nom du Père, du Fils, et du Saint-Esprit.

Je soussigné, **Claude Courtier**, négociant à **Lyon**, déclare que le présent écrit est mon testament; je veux qu'il soit fidèlement exécuté après ma mort.

J'établis **Joseph Lamprois**, propriétaire à **Paris**, rue de Vaugirard, N° 23, mon légataire universel; je lui donne et lègue tous mes biens, meubles et immeubles, et généralement tout ce que je posséderai à ma mort.

Fait à **Lyon**, le quatorze avril mil huit cent soixante-dix.

C. Courtier.

ASSOCIATION EN PARTICIPATION.

On nomme *association en participation* une société formée pour une ou plusieurs opérations commerciales ou industrielles.

L'opération terminée, les associés liquident leur compte et l'association est dissoute.

Un acte n'est pas absolument nécessaire pour constater l'existence de cette société. Elle peut être prouvée par les registres, la correspondance, et même par témoins.

Formule.

Entre les soussignés **Constantin Villaume**, marchand de bois à **Chancenay**, et **Désiré Muller**, aussi marchand de bois à **Saint-Dizier**, a été dit, convenu et arrêté ce qui suit:

Une société en participation est formée entre les soussignés pour l'achat et la revente de la coupe N° 3 de la présente année dans la forêt domaniale de **Trois-Fontaines-l'Abbaye**;

L'achat sera fait par le sieur **Muller**, aux prix et conditions qui lui sembleront les plus avantageux;

Les fonds nécessaires pour payer le montant de l'achat, de l'exploitation et de tous autres frais, seront fournis, moitié par chacun des associés;

La vente du bois de chauffage, du bois d'œuvre, des fagots et de tout autre produit de ladite coupe sera faite par les deux associés, ensemble ou séparément; cette vente effectuée, les bénéfices ou les pertes qui en résulteront seront partagés par moitié, et après que les comptes auxquels la société dont s'agit peut donner lieu seront apurés et soldés, elle demeurera dissoute et non avenue.

Fait double à **Saint-Dizier,** et signé par les parties, le huit décembre mil huit cent soixante-douze.

C. VILLAUME.   D. MÜLLER.

Ce petit opuscule, particulièrement destiné aux élèves, peut rendre ailleurs quelques services. Une lettre peut affecter une forme quelconque ; il en est autrement d'un acte, soumis qu'il est à certaines exigences que nul ne peut deviner. Les clauses qu'on peut insérer dans un acte sont tellement variées, que nous n'avons nullement songé à multiplier les exemples, encore moins à prévoir tous les cas. Un sens droit, joint à une certaine habitude de rédiger qu'on ne peut trop tôt acquérir, permettra de faire convenablement les actes les plus usuels, ce qui suffit. Qu'on n'aille pas croire être un légiste, parce qu'on est muni du *Code* et d'un *Formulaire complet ;* qu'on se défie de ces notaires au petit pied qui, avec toute leur prétendue science, ont enfanté plus de procès qu'ils n'en préviendront jamais ; que surtout on se défie de soi-même quand il s'agit de transactions sérieuses : ces trois conseils valent le meilleur et le plus complet des Formulaires.

L.

PARIS. — IMPR. Vᵛᵉ P. LAROUSSE ET Cⁱᵉ, RUE NOTRE-DAME-DES-CHAMPS, 49.

www.ingramcontent.com/pod-product-compliance
Lightning Source LLC
Chambersburg PA
CBHW060802280326
41934CB00010B/2529